Naam:

____

www.ingramcontent.com/pod-product-compliance
Lightning Source LLC
Chambersburg PA
CBHW071218220526
45468CB00002B/652
* 9 7 8 1 7 9 6 8 9 5 3 8 4 *